16	3	2	13
5	10	11	8
9	6	7	12
4	15	14	1

Manuel António Pina

O CORAÇÃO PRONTO PARA O ROUBO

Poemas escolhidos

Seleção e posfácio
Leonardo Gandolfi

editora 34

EDITORA 34

Editora 34 Ltda.
Rua Hungria, 592 Jardim Europa CEP 01455-000
São Paulo - SP Brasil Tel/Fax (11) 3811-6777 www.editora34.com.br

Imagem da capa:
Retrato de Manuel António Pina
© 2018, Alfredo Cunha/SPA

Capa, projeto gráfico e editoração eletrônica:
Bracher & Malta Produção Gráfica

Revisão:
Cide Piquet
Danilo Hora

1ª Edição - 2018 (1ª Reimpressão - 2020)

CIP - Brasil. Catalogação-na-Fonte
(Sindicato Nacional dos Editores de Livros, RJ, Brasil)

Pina, Manuel António, 1943-2012
P339c O coração pronto para o roubo:
poemas escolhidos / Manuel António Pina;
seleção e posfácio de Leonardo Gandolfi —
São Paulo: Editora 34, 2018 (1ª Edição).
160 p.

ISBN 978-85-7326-719-8

1. Poesia portuguesa. 2. Gandolfi,
Leonardo. I. Título.

CDD - 861.1P

O CORAÇÃO PRONTO
PARA O ROUBO
Poemas escolhidos

De *Ainda não é o fim*
nem o princípio do mundo
calma
é apenas um pouco tarde (1974)

De *Aquele que quer morrer* (1978)

De *Nenhum sítio* (1981)

De *Como se desenha uma casa* (2011)

Nota do organizador

Antes de publicar poesia, Manuel António Pina (1943-2012) já era cronista e autor de literatura infantil, de modo que tanto a crônica quanto os livros de crianças sempre estiveram presentes, de um jeito particular, nos seus versos.

Da primeira, vem uma visão que corre junto dos dias, mas num registro que evita cair na promessa de realismos descritivos. Da segunda, a vontade de um olhar indagador e até inocente, mas de uma inocência de segundo grau, aprendida.

Outra informação relevante é que Manuel António Pina estreia em poesia em abril de 1974, ou seja, no mês e ano da Revolução dos Cravos, marco histórico que pôs fim à ditadura salazarista em Portugal. Tal evento não necessariamente comparece como tema nos poemas do autor, mas desponta neles sob a forma de uma mudança de paradigma cultural — alinhada com maio de 68 — que se faz presente na simples e perturbadora constatação que é, de uma só vez, saturação de uma época e abertura para outra: "Já não é possível dizer mais nada/ mas também não é possível ficar calado".

Os textos escolhidos para esta antologia procuraram dar conta da extensão da obra poética do autor. Em outras palavras, há textos de todos os livros de poesia publicados por ele, excluindo os infantis, já que não estão coligidos em seus poemas completos. O critério de escolha, em cada livro, obedeceu ao gosto do organizador, que procurou contemplar várias dicções e direções da poesia de Pina. Contribuíram com valiosos comentários e imprescindíveis sugestões Danilo Bueno, Paola Poma, Tarso de Melo, Marília Garcia e Cide Piquet, a quem agradeço.

O livro que serviu de base para a antologia foi *Todas as palavras: poesia reunida* (Lisboa, Assírio & Alvim, 2012), tendo sido consultada também a *Poesia reunida*, volume publicado pela mesma editora em 2001.

Todos nós conhecemos o provérbio que diz que "ladrão que rouba ladrão tem cem anos de perdão". Não sei se a poesia de Pina — com ares de Robin Hood — espera o perdão por alguma coisa que tenha feito, sei apenas que o coração dela, o melhor dele, está prontíssimo para interpelar o leitor, *apesar* de tudo já ter sido dito e *porque* tudo já foi dito. "Isto está cheio de gente/ falando ao mesmo tempo." "Toma, come, leitor: este é o seu corpo,/ a inabitada casa do livro."

O CORAÇÃO PRONTO PARA O ROUBO

Poemas escolhidos

De

Ainda não é o fim nem o princípio do mundo calma é apenas um pouco tarde

(1974)

Os tempos não

Os tempos não vão bons para nós, os mortos.
Fala-se de mais nestes tempos (inclusive cala-se).
As palavras esmagam-se entre o silêncio
que as cerca e o silêncio que transportam.

É pelo hálito que te conheço   no entanto
o mesmo escultor modelou os teus ouvidos
e a minha voz, agora silenciosa porque nestes tempos
fala-se de mais são tempos de poucas palavras.

Falo contigo de mais assim me calo e porque
te pertence esta gramática assim te falta
e eis por que não temos nada a perder e por que é
cada vez mais pesada a paz dos cemitérios.

Já não é possível

Já tudo é tudo. A perfeição dos
deuses digere o próprio estômago.
O rio da morte corre para a nascente.
O que é feito das palavras senão as palavras?

O que é feito de nós senão
as palavras que nos fazem?
Todas as coisas são perfeitas de
nós até ao infinito, somos pois divinos.

Já não é possível dizer mais nada
mas também não é possível ficar calado.
Eis o verdadeiro rosto do poema.
Assim seja feito: a mais e a menos.

Palavras não

Palavras não me faltam (quem diria o quê?),
faltas-me tu poesia cheia de truques.
De modo que te amo em prosa, eis o
lugar onde guardarei a vida e a morte.

De que outra maneira poderei
assim te percorrer até à perdição?
Porque te perderei para sempre como
o viajante perde o caminho de casa.

E, tendo-te perdido, te perderei para sempre.
Nunca estive tão longe e tão perto de tudo.
Só me faltavas tu para me faltar tudo,
as palavras e o silêncio, sobretudo este.

Nenhuma coisa

Estou sempre a falar de mim ou não. O meu trabalho
é destruir, aos poucos, tudo o que me lembra.
Reflexão e, ao mesmo tempo, exercício mortal.
Normalmente regresso a casa tarde, doente.

Desta maneira (e doutras —
a carne é triste, hélas!, e eu já li tudo)
ocupo o lugar imóvel do poema. Procuro o sentido
(vivo ou morto!) para o liquidar. Mas onde? E como? E quem?

Tudo o que acaba e começa.
O que está entre as pernas, mudando de lugar.
(Que fazer e para quê?)

Amor como em casa

Regresso devagar ao teu
sorriso como quem volta a casa. Faço de conta que
não é nada comigo. Distraído percorro
o caminho familiar da saudade,
pequeninas coisas me prendem,
uma tarde num café, um livro. Devagar
te amo e às vezes depressa,
meu amor, e às vezes faço coisas que não devo,
regresso devagar a tua casa,
compro um livro, entro no
amor como em casa.

Clóvis da Silva

As vozes dos animais

A dor dói o boi muge
Eu digo o teu nome em voz
Alta pelo sim pelo não e o
Teu nome identifica a minha
Solidão a minha morada
O meu telefone assim
O teu nome te serve a
Ti e a mim, a ti te persegue,
A mim me precede o teu
Nome que eu pintaria de fresco se não
Fosse estar terrivelmente preocupado.
O teu nome onde
Da guerra me escondo.

Clóvis da Silva

A poesia vai

A poesia vai acabar, os poetas
vão ser colocados em lugares mais úteis.
Por exemplo, observadores de pássaros
(enquanto os pássaros não
acabarem). Esta certeza tive-a hoje ao
entrar numa repartição pública.
Um senhor míope atendia devagar
ao balcão; eu perguntei: "Que fez algum
poeta por este senhor?" E a pergunta
afligiu-me tanto por dentro e por
fora da cabeça que tive que voltar a ler
toda a poesia desde o princípio do mundo.
Uma pergunta numa cabeça.
— Como uma coroa de espinhos:
estão todos a ver onde o autor quer chegar? —

1966
Clóvis da Silva

O que me vale

O que me vale aos fins de semana
é o teu amor provinciano e bom
para ele compro bombons
para ele compro bananas
para o teu amor teu amon
tu tankamon meu amor
para o teu amor tu te flamas
tu te frutti tu te inflamas
oh o teu amor não tem com
plicações viva aragon
morram as repartições

Clóvis da Silva

De

Aquele que quer morrer

(1978)

Tat Tam Asi

Nós os maus caminhamos em
círculos cada vez mais estreitos
até ao centro de tudo, o silêncio de tudo

(Nada é de mais, porque existe tudo)
Na nossa terrível vigília
cultivamos técnicas mortas,
o pleonasmo, a pura repetição

Aqueles que afirmam tudo
existem já na eternidade
conquistaram a imobilidade e o silêncio
com sábia indiferença são sidos por tudo

Aquele que quer morrer

(Introduzir o caos na or-
dem poética dominante;)
A tomada de poder passa pelo roubo,
passa pela própria perdição e pela de tudo.

Aquele que anuncia a Tempestade
dança, caminhando para o seu fim;
também ele desaparecerá sob a
grande Tempestade comunista de tudo.

....
....
....
....

A pura luz pensante

Tudo é tudo ou quase tudo
e nada é a mesma coisa.
Na realidade são tudo coisas indiferentes.
(Imagens... Imagens... Imagens...)

É este o caminho da Inocência? Exis-
te tudo e a aparência de tudo. (Imagens...)
Totalmente tolerante é
a matéria metafórica da infância.

Tenho que tornar a fazer tudo,
a emoção é um fruto fútil, a pura luz
pensando dos dois lados da Literatura.
Aqui estão as palavras, metei o focinho nelas!

Transforma-se a coisa estrita no escritor

Isto está cheio de gente
falando ao mesmo tempo
e alguma coisa está fora de isto falando de isto
e tudo é sabido em qualquer lugar.

(Chamo-lhe Literatura porque não sei o nome de isto;)
o escritor é uma sombra de uma sombra
o que fala põe-o fora de si
e de tudo o que não existe.

Aquele que quer saber
tem o coração pronto para o
roubo e para a violência
e a alma pronta para o esquecimento.

Tat Tam Asi

Aquilo que foi perdido
já transformou tudo e a si próprio.
O sentido de tudo
confunde-se com tudo.

Esta é a profunda ordem
que todas as coisas e a falta de elas
violam e fortalecem,
o imóvel tempo de tudo.

O que se move está parado
no centro do infinito, movendo-se.
Sai-me do corpo o esquecimento
e também a fascinação de isto.

Hegel, filósofo esporádico?

Ninguém morreu de morte tão natural como Hegel.
Alguns anos antes tinha descoberto, horrorizado,
que Deus o havia colocado exactamente no centro de Tudo.
Morreu como um bárbaro: subitamente o seu

coração parou de bater, e inclinou levemente
a cabeça sobre o lado direito.
É sempre Outro quem escreve. (Como poderia o escritor,
[ele próprio, mesmo quando é
um Filósofo, reconhecer o que está ali para ser escrito?)

Quem escreveu o poema *A Eleusis* que Hegel, há 200 anos, dedicou a Hölderlin? Por que combateu Hegel a positividade? A que descobertas chegou Schelling, conservador em Berlim, entre os seus papéis? Que mão deitou fogo, em 1946, à Sala dos Apócrifos do Museu Gnóstico de Tübingen?

22 de agosto de 1976
Slim da Silva

Na morte de Mao

De onde vêm as lágrimas justas, o cansaço
de Wang Hai-jung durante as reuniões de domingo?
A guerra gera as coisas boas,
a pura paz espera os soldados.

As lágrimas caem do céu? Não.
Quando acaba a contradição entram em casa a morte,
as flores, as lágrimas das mulheres.
Aquele que morreu não o saberá nunca.

A morte é propriedade dos vivos,
aquele que morreu já não vive nem está morto.
O processo antigo está terminado e inicia-se o novo:
movimento mecânico, som, luz, calor, electricidade,
[decomposição, combinação, etc.

9 de setembro de 1976
Slim da Silva

De

Nenhum sítio

(1984)

Schlesiches Tor

É domingo ainda e chove ainda
num vago jardim perdido.
Fora de mim qualquer coisa em mim finda
como em alguém desconhecido.

Como se fosse domingo
no desfeito sonho de alguém
sonhando comigo,
lembro-me (quem?)

de outro jardim, de outro domingo,
indistintamente existindo,
como eu próprio, em mim.
Agora em que jardim

alheio e indiferente
chove em mim para sempre?
Também eu sou outro
transportando um morto.

Hansaplatz (1)

O que há debaixo da cama?
O que está atrás dos cortinados?
De noite, à porta, clamam
as vozes terríveis do passado.

Em qualquer sítio fora de mim
há estas tílias, este jardim,
e há eu a estar lá em mim
e isto lembrando-se em mim.

Que ave canta ainda
em que noite já finda?
Acordo, morto e só, no quarto
e faz frio como num parto.

Hansaplatz (2)

Noutra praça, não esta,
outra pessoa passa
nem na outra nem nesta.
Fico, outro e só, em uma praça

— alguém real fica —
onde crianças fora de mim brincam
com outras crianças reais,
mas (praça, crianças) quais?

As de agora ou as de outrora?
As tílias de dentro ou as de fora?
Em que praça da minha memória
eu e tudo somos memória?

Os rouxinóis do chão

Rouxinóis guerreiros guardam
o chão de Ninomaru
seu canto unânime acorda
sob o tropel dos turistas

Às portas dos quartos não
se sobressaltam os guardas
nem as sentinelas chamam
do alto dos torreões

Onde os Tokugawa dormem
não chegam os inimigos
Das paredes pendem as
espadas embainhadas

Kyoto, 20/6/84

Os tigres de Tozamurai-no-ma

Ninguém os vira antes, nem Naonobu,
emboscados na matéria da madeira
inexistindo puros e interiores.

Capturados pela astúcia do carmim
e do oiro na cerimónia da pintura
correm imóveis entre as cerejeiras.

Os seus olhos impacientes
presos do lado de fora
fitam com ira os turistas.

Kyoto, 20/6/84

De

O caminho de casa

(1989)

O jardim das oliveiras

Somos seres olhados
Ruy Belo

Se procuro o teu rosto
no meio do ruído das vozes
quem procura o teu rosto?

Quem fala obscuramente
em qualquer sítio das minhas palavras
ouvindo-se a si próprio?

Às vezes suspeito que me segues,
que não são meus os passos
atrás de mim.

O que está fora de ti, falando-te?
Este é o teu caminho,
e as minhas palavras os teus passos?

Quem me olha desse lado
e deste lado de mim?
As minhas dúvidas, até elas te pertencem?

Mateus, 26, 26

Tomai, este é o meu corpo:
formas e símbolos.

Fora de mim, o meu reino
desmembra-se dentro de mim.

E o que fala falta-me
dentro do coração.

E estou sozinho fora de mim
como um coração fora de mim.

De

Um sítio onde pousar a cabeça

(1991)

Numa estação de Metro

A minha juventude passou e eu não estava lá.
Pensava em outra coisa, olhava noutra direcção.
Os melhores anos da minha vida perdidos por distracção!

Rosalinda, a das róseas coxas, onde está?
Belinda, Brunilda, Cremilda, quem serão?
Provavelmente professoras de Alemão
em colégios fora do tempo e do espa-

ço! Hoje, antigamente, ele tê-las-ia
amado de um amor imprudente e impudente,
como num sujo sonho adolescente
de que alguém, no outro dia, acordaria.

Pois tudo era memória, acontecia
há muitos anos, e quem se lembrava
era também memória que passava,
um rosto que entre os outros rostos se perdia.

Agora, vista daqui, da recordação,
a minha vida é uma multidão
onde, não sei quem, em vão procuro
o meu rosto, *pétala dum ramo úmido, escuro.*

Gótico americano

Uma recordação chega
para fender os alicerces,
a dúvida rasga as cortinas
por onde se coa o sangue dos dias felizes.

As filhas passadas já não correm no jardim,
já ninguém responde quando chamo
pelos seus vagos nomes que chamo
como se chamassem eles por mim.

Tu lavas a louça na cozinha
entre cheiros sujos e restos de comida,
ou ficas à janela infinitamente;
os vizinhos mudaram-se, o cão morreu para sempre.

A casa agora é feita d'ângulos agudos,
de perguntas, de poços descobertos,
e nós perdemo-nos por dentro d'outros mundos
por portas que se abriram para dentro.

O meu coração repousa
na cave no meio da minha vida
e eu vagueio lá fora entre os sentidos.
Sou eu quem chama, não me ouves bater?

Esplanada

Naquele tempo falavas muito de perfeição,
da prosa dos versos irregulares
onde cantam os sentimentos irregulares.
Envelhecemos todos, tu, eu e a discussão,

agora lês saramagos & coisas assim
e eu já não fico a ouvir-te como antigamente
olhando as tuas pernas que subiam lentamente
até um sítio escuro dentro de mim.

O café agora é um banco, tu professora do liceu;
Bob Dylan encheu-se de dinheiro, o Che morreu.
Agora as tuas pernas são coisas úteis, andantes,
e não caminhos por andar como dantes.

Schweizer Hof Hotel

Já aqui estive, já fiz esta viagem,
e estive neste bar neste momento
e escrevi isto diante deste espelho
e da minha imagem diante da minha imagem.

Não mudou nada, nem eu próprio; a mão
escreve os mesmos versos no papel obscuro.
Que aconteceu então fora de tudo?
De que esquecimento se lembra o coração?

Algum passado, alguma ausência,
se passam talvez a meu lado,
talvez tudo exista exilado
de alguma verdadeira existência.

E eu, os versos, o bar, o espelho,
sejamos só imagens noutro espelho
diante de algum Deus em cujo lasso
olhar se fundem outro e mesmo, tempo e espaço.

[Lugares da infância]

Lugares da infância onde
sem palavras e sem memória
alguém, talvez eu, brincou
já lá não estão nem lá estou.

Onde? Diante
de que mistério
em que, como num espelho hesitante,
o meu rosto, outro rosto, se reflecte?

Venderam a casa, as flores
do jardim, se lhes toco, ficam hirtas
e geladas, e sob os meus passos
desfazem-se imateriais as rosas e as recordações.

O quarto eu não o via
porque era ele os meus olhos;
e eu não o sabia
e essa era a sabedoria.

Agora sei estas coisas
de um modo que não me pertence,
como se as tivesse roubado.

A casa já não cresce
à volta da sala,
puseram a mesa para quatro
e o coração só para três.

Falta alguém, não sei quem,
foi cortar o cabelo e só voltou
oito dias depois, já o
jantar tinha arrefecido.

E fico de novo sozinho,
na cama vazia, no quarto vazio.
Lá fora é de noite, ladram os cães;
e cubro a cabeça com os lençóis.

Aos filhos

Já nada nos pertence,
nem a nossa miséria.
O que vos deixaremos
a vós o roubaremos.

Toda a vida estivemos
sentados sobre a morte,
sobre a nossa própria morte!
Agora como morreremos?

Estes são tempos de
que não ficará memória,
alguma glória teríamos
fôramos ao menos infames.

Comprámos e não pagámos,
faltámos a encontros:
nem sequer quando errámos
fizemos grande coisa!

1976/1989

De

Farewell happy fields

(1992)

Farewell happy fields

I

Entre a minha vida e a minha morte mete-se subitamente
A Atlética Funerária, Armadores, Casa Fundada em 1888.
A esse sítio acorrem então, aflitíssimos, o teu vago sorriso
e a vaga maneira como dizes os esses;
vêm de muito longe e chegam incompletamente
ao pequeno vulnerável sítio entre
toda a minha vida e toda a minha morte,
quando a minha última recordação atirou já com a porta
e tudo está acabado até a tua respiração
na cama ao meu lado,
e também tu estás morta,
duma forma que já não me importa.

Vamos então os dois outra vez
ao longo de certas ruas sombrias e de certos dias
e sorris e falas alto; está calor mas tens as mãos frias,
compramos coisas, visitamos
talvez algum último amigo
sem sabermos que eu já não estou vivo.

Poderia ter sido de outro modo?
Poderiam ter sido outras duas pessoas
vivendo a minha e a tua vida, morrendo a minha e a tua
[morte?

(Mesmo o armador, poderia ter sido outro?)
Aparentemente foi por pouco;
se fosse um pouco mais tarde ou um pouco mais cedo,
se eu não tivesse chegado a casa cansado,
se a louça não estivesse por lavar
e a janela da sala de jantar
não estivesse fechada, se o mundo não tivesse acabado,
nem tu tivesses ido ao supermercado,
e se eu não estivesse cheio de medo.

Agora estou voltado para cima,
para onde cantas ainda há muito tempo.
Se calhar isto (alguma coisa) vai demorar mas já não me
[impaciento.
Voltamos, tu e eu, ao mesmo jardim desflorido
onde eu morro sozinho
e conversamos comigo
como com um desconhecido.
Que diremos agora um ao outro?

É tarde. Ainda há um momento
me apetecia conversar, agora estou outra vez tão cansado!
Reparaste como o Outono este ano veio por outro lado,
como se fosse pelo lado de dentro?

II

Estou morto, deitado de lado.
Morte, Vida, Medo, Esperança:
já não estou para aí virado.
Onde vos guardarei agora, lembranças?

Talvez também eu seja uma lembrança diante
da lembrança de uma casa também morta,
e talvez ela me abra finalmente a porta
e as escadas brilhem e o corredor cante.

Dos meus olhos vê-se um jardim
ardendo em rosas espetado
(os teus olhos ardiam assim em mim:
como um palácio iluminado),

um jardim lento (tem muito tempo)
onde eu outra vez entro.
Se me voltasse para trás o que veria?
Ainda os teus olhos, ainda a alegria?

Agora que partiste para sempre
segurando-me inutilmente a cabeça
talvez tudo te pareça
excessivamente evidente

e excessivamente irrisório:
a morte, a vida, os dias sem lugar,
a louça do almoço por lavar,
as meias a escorrer no lavatório.

Mas não nos julgues com severidade,
estava a fazer-se tarde
e já ninguém vinha, o melhor
era irmo-nos deitar.

Agora, se o telefone tocar,
diz que não estou.
(Sem ironia, o meu coração teme a ironia
quase tanto quanto a perfeição;

e sem melancolia:
estávamos a precisar de solidão,
de silêncio, de geometria,
e as nossas lágrimas de uma grande razão).

Agora que não estou
(nem tu sabes quanto)
tudo o que passou
sou eu regressando.

Os meus passos, não
os ouves nas escadas,
subindo as escadas
como os de um ladrão?

III

Se eu não morresse
como morreria,
e como responderia
pelo nome que tivesse?

E quem me chamaria?
Tu não (nem ninguém antes de mim,
nem depois de mim,
nem do meu lado);

ter-te-ias demorado,
as filhas teriam crescido,
os amigos partido,
e quando voltasses estaria tudo acabado.

A verdade é que eu já não tinha idade
(nem palavras) para esperar-te,
começava a fazer-se muito tarde
e morria sozinho sem ninguém com quem falar de

mim. Os sonhos da infância
vagueavam inúteis pelos cantos
e eu transformava-me entretanto
em algo parecido com eles, da mesma substância.

A própria casa era um erro
grosseiro: não tinha paredes.
O jardim onde tantas vezes
florira o meu desespero

não era real,
era uma coisa passada;
real era o meu medo, tão real
que mesmo abrindo os olhos não passava.

Agora já não tenho medo, estou deitado
em palavras sem artifício e sem esplendor
onde fala passando
uma voz anterior.

(Assim morreria
talvez, se não morresse,
mas como o saberia?
E não o sabendo como o ignoraria?)

IV

Farewell happy fields
where joy for ever dwells: hail horrors...
Milton, *Paradise Lost*

(Adeus campos felizes; remorsos: adeus.)
Vamos os dois ao longo dos dias felizes
conversando e ouço o que dizes
como se quem falasse fosse eu;
(adeus palavras, sonhos de beleza,
montanhas desoladas da infância
donde tudo se via: a alegria
e a cegueira do que não se via;)
vês agora o que eu vejo, a minha sombra
caminhando a teu lado num tempo sem sentido,
quando eu ainda não tinha morrido?

(Adeus perfeição, adeus imperfeição.)
Às vezes pergunto-me se valeu a pena,
se não haveria outra solução,
se não poderia, por exemplo, ter embarcado
num desses barcos que aparecem sempre
milagrosamente na última estrofe,
e se tu não poderias ter ficado
no cais, ou em alguma metáfora mais
imperiosa, partindo também donde te via,
e se assim não teria tudo sido
menos improvável e menos cansativo.

Infelizmente não havia barco onde
coubéssemos eu e as minhas lembranças;

tudo o que havia, tudo o que *realmente* havia,
a ti o tinha dado
e, dando-to, tinha-to roubado,
e a minha própria morte pairava
entre ti e mim indecisamente,
como uma ideia, não como algo presente.

Agora volto a sítios vastos
uma última vez. Com hesitantes passos
subo as escadas e bato à porta
e tu abres-me a porta mesmo estando morta
e mesmo eu estando morto, como se fôssemos
visitados pelo mesmo sonho.

V
[Aos meus livros]

Chamaram-vos tudo, interessantes, pequenos, grandes,
ou apenas se calaram, ou fecharam os longos ouvidos
à vossa inútil voz passada
em sujos espelhos buscando
o rosto e as lágrimas que (eu é que sei!)
me pertenciam, pois era eu quem chorava.

Um bancário calculava
que tínheis curto saldo
de metáforas; e feitas as contas
(porque os tempos iam para contas)
a questão era outra e ainda menos numerosa
(e seguramente, aliás, em prosa).

Agora, passando ainda para sempre,
olhais-me impacientemente;
como poderíamos, vós e eu, escapar
sem de novo o trair, a esse olhar?
Levai-me então pela mão, como nos levam
os filhos pela mão: sem que se apercebam.

Partiram todos, os salões onde ecoavam
ainda há pouco os risos dos convidados
estão vazios; como vós agora, meus livros:
papéis pelo chão, restos, confusos sentidos.
(E só nós sabemos
que morremos sozinhos.
Ao menos escaparemos
à piedade dos vizinhos)

De
Cuidados intensivos
(1994)

Metade da vida

Perdi-me em Hölderlin e achei-me em Dante
no sítio mais distante da estante;
a meio da vida, quando a seara de-
via estar semeada e a casa construída.

Enquanto lia os clássicos e me dava
inutilmente para a melancolia,
Maria Hermínia, a Musa, ávida, deitava
contas à vida, à minha única vida:

faltava-me algures uma Ode (e um Amor Louco)
e, fora isso, lia muito e escrevia pouco;
os tempos iam para a Crítica, e ela seria,
a Musa-Ela-Própria, a minha tão certa secretária.

E por aí fora; que, se não me atasse
por minhas mãos ao Destino, desatinaria
(se não me matasse). Despedi-a.
Não me peças pois Harmonia, irmão leitor, meu semelhante:

pede-me medo. Sob o seu telhado dissonante
fiz o fogo e consumi a forma, e atrás da porta
guardei a minha vida, metade viva metade morta,
e os meus livros, seu cego instrumento.

Igual aos deuses (com pouco me contento),
de livros e silêncio me alimento.

It's all right, ma...

Está tudo bem, mãe,
estou só a esvair-me em sangue,
o sangue vai e vem,
tenho muito sangue.

Não tenho é paciência,
nem tempo que baste
(nem espaço), deixaste-me
pouco espaço para tanta existência.

Lembranças a menos
faziam-me bem,
e esquecimento também
e sangue e água a menos.

Teria cicatrizado
a ferida do lado,
e eu ressuscitado
pelo lado de dentro.

Que é o lado
por onde estou pregado,
sem mandamento
e sem sofrimento.

Nas tuas mãos
entrego o meu espírito,
seja feita a tua vontade,
e por aí adiante.

Que não se perturbe
nem intimide
o teu coração,
estou só a morrer em vão.

Cuidados intensivos

I

"A esta hora e neste sítio
(miocárdio ventricular esquerdo)
é a abstracta vida que me assalta.
Eles não sabem
que o seu coração pulsa,
ferido, no meu coração,
que a minha dor alheia
vagarosamente mata
os seus sonhos, os seus sentidos,
os seus dias visíveis e invisíveis,
a linha dos telhados
ao longe sobre o céu.
Como saberiam
(com que palavras exteriores?)
que existem
dentro de mim
de um modo fora de mim,
os parentes, os amigos,
a vaga enfermeira da noite,
que enquanto o meu Único coração
morre na minha cabeça
a luz do quarto se
apaga para sempre
e o silêncio se fecha

sobre os corredores?
No quarto ao lado alguém
a noite passada morreu,
provavelmente eu.
Os livros, as flores
da mesa de cabeceira
conhecerão estas últimas coisas
em algum sítio da minha alma?"

Terça-feira, 3 de março

II

"E se nada (nem a morte nem a vida) permanece?
Se sob um rosto há outro rosto,
e outro, e outro, sob um morto
outro morto, desconhecido,
sob um desejo outro desejo,
sem um tronco ou um tempo donde efemeramente
brotem e para onde corram, como um negro rio, as incertezas,
sem uma razão ou uma desrazão?
Se não há ninguém à escuta,
nem nenhum silêncio devolvendo-nos as palavras?

Os que regressam sabem
que não há para onde ir,
e regressam como se partissem de novo,
imóveis, aos mesmos sítios
e às mesmas esperanças,
com as palavras com que partiram.

Um pouco de eternidade,
ou um pouco de gravidade ou de lentidão que fosse,
uma praia para os dias e para o pensamento,
um destino, uma morte
exterior ao coração,
onde o coração finalmente
parasse, virando-se para trás,
uma medida para a dor e para o conhecimento,
e para a dúvida, e para a alegria,
uma porta, mesmo uma porta fechada,
uma morada, mesmo desabitada,
uma vida, mesmo morta.

O enfermeiro paira
em silêncio entre as camas.
Como um pastor à espreita
de alguma dor tresmalhada."

Terça-feira, 3 de março

III

"Vê se há mensagens
no gravador de chamadas;
rega as roseiras;
as chaves estão
na mesa do telefone;
traz o meu
caderno de apontamentos
(o de folhas
sem linhas, as linhas distraem-me).
Não digas nada
a ninguém,
o tempo, agora,
é de poucas palavras,
e de ainda menos sentido.
Embora eu, pelos vistos,
não tenha razão de queixa.

Senhor, permite que algo permaneça,
alguma palavra ou alguma lembrança,
que alguma coisa possa ter sido
de outra maneira,
não digo a morte, nem a vida,
mas alguma coisa mais insubstancial.
Se não para que me deste os substantivos e os verbos,
o medo e a esperança,
a urze e o salgueiro,
os meus heróis e os meus livros?

Agora o meu coração
está cheio de passos

e de vozes falando baixo,
de nomes passados
lembrando-me onde
as minhas palavras não chegam
nem a minha vida.
Nem provavelmente o Adalat ou o Nitromint."

Quinta-feira, 5 de março

IV
[Consolação de G. a Paulina]

"Os que, ao fim da vida toda,
regressaram à sua fortaleza,
já não têm agora tempo
nem espaço para oferecer à morte;
nem morte para oferecer a si mesmos.
Séneca na estufa esvaindo-se em vagaroso sangue,
aspergido sobre os escravos
como uma dádiva de recta vida.
É possível ser rico e ser recto? É.
Mas pode a morte ser
testemunha da vida?

Porque é tão difícil, Paulina, morrer em tom menor,
sem tragédia e sem justificações,
sem procurar inutilmente a salvação
da vida
(já que os bens ficam ao cuidado do testamenteiro),
é tão impertinente deixar escrito,
ainda por cima tão bem escrito:
'Queimem o meu cadáver sem qualquer cerimonial',
é tão decepcionante, tão desproporcionado!

Outros, menos desesperançados e menos amedrontados,
fitam com impacientes olhos os médicos
invejando-lhes a excelente saúde e a barba feita,
e por mais um dia de vida,
de penosa e vagarosa vida,
seriam capazes de trocar
cinquenta anos de riqueza e rectidão.

Estes parecem-me, a mim que
não sou um filósofo,
bem mais sólidos e irrefutáveis.

Ocorreu-me ontem que
não vejo o correio há uma semana,
e que nem por isso sou mais feliz ou mais infeliz;
a felicidade não depende certamente de coisas como o correio
ou como o temor ou o desejo,
depende talvez mais, pelo menos para já,
da certeza de que os papéis estão arrumados,
pagas as dívidas,
intacta ainda a possibilidade de morrer.
Um dia destes, se fosse caso disso,
escrever-te-ia sobre a discordante paixão da
imortalidade.
Agora é tarde, estão já
à porta os assassinos.
Teu Gallion."

Segunda-feira, 9 de março

V

"Só mais um dia,
um dia luminoso e barulhento
por mim a dentro,
um dia bastaria,
em prosa que fosse.

Mas dá-me para a melancolia,
para a limpeza, para a harmonia,
impacientam-me as migalhas
de pão na mesa, as falhas
da pintura do tecto,
as vozes das visitas, despropositadas,
sinto-me sujo como um objecto,
desapegado, desarrumado.

Trocaria bem esse dia
por um pouco de arrumação
— no quarto e no coração."

Terça-feira, 10 de março

VI
[A moral da história, segundo o senhor da cama 2B]

"A esperança é a última coisa a morrer,
disse ele antes de ter
dado o tiro na boca.
Tivesse ficado calado
e estaria ainda vivo, aqui ou noutro lado.
— OK: não posso dizer
que estivesse melhor
(em relação à sua actual, como hei-de dizer?, situação),
mas também ninguém
me pode dizer a mim que não."

Domingo, 15 de março

VII
[Os idos de março]

... se um certo Artemidoro...
Kaváfis

"Artemidoro, o médico, veio
com a receita; eu que a lesse,
porque era assunto de meu interesse.
Dobrei o papel e guardei-o. Depois leio-o.

Eu sei: falta por aqui alguma elevação;
o modo é menor, a forma epigramática.
— Mas tenho gente à espera e a realidade prática
se não no senado no ao menos coração."

Domingo, 15 de março

VIII

"Sonhei com actores
num teatro, que quererá isto significar?
Um sonho a preto e branco (já não sonho a cores),
não sei que peça
se representava; eu (alguém)
era um espectador, pois via o palco:
dois homens e uma mulher
parados, que se tivessem subitamente esquecido
do que deviam dizer,
olhando-me (se se tratava realmente de mim)
longamente e angustiadamente, à espera
que eu acordasse
e que o meu sonho — *tinha que ser um sonho*
de alguém, estavam certamente a sonhar,
iriam acordar e não passaria tudo de um sonho! —
terminasse."

Segunda-feira, 23 de março

IX

"Apaga a luz. Guarda-me os óculos. Obrigado.
Como se chamava o homem da lavandaria,
o que trazia sempre a roupa trocada
e um dia trouxe uma camisa dele próprio
e a deixou ficar lá em casa mais de um mês
à espera que a mandássemos outra vez para lavar,
a ver se a recuperava?
(Ao fim de cinco semanas,
a mulher perdeu a paciência
e veio por ele e pela camisa, que ainda
estava dentro do saco de plástico
no guarda-fatos; era igual à minha, azul,
talvez de um azul menos óbvio mas, de qualquer modo, azul).
Lembrei-me dele porque
quando morreu tu disseste:
'Coitado, pode ser que acerte
com o caminho do céu!'
Tinha uns óculos de lentes grossíssimas,
e não me admiraria que a sua morte
tivesse sido, mais que morte, algum erro de paralaxe.
Agora, sem óculos, como saberá ele
se está vivo ou se está morto?"

Sexta-feira, 27 de março

X

"A esta hora
na infância neva,
e alguém me leva
pela mão.
Quem me trouxe de tão
longe senta-se agora
à minha cabeceira
pegando-me na mão.
Senhor, que ao menos
a infância permaneça,
o espírito da neve
desfolhando-se no chão!
O médico disse que
as cicatrizes
do coração
permanecem."

Sábado, 28 de março

XI

"Talvez tudo de indiferente
modo permaneça,
a carne dos vivos e a carne dos mortos;

o rosto e a imagem
no espelho pertençam
a algum idêntico lugar coincidente;

e haja uma porta de saída
dando para uma única vida,
uma vida morta, sem memória e sem remorsos

e sem recomeço.
Outro voltará então a outra casa,
a outro passado, a outra solidão,

e terá a mesa posta e a cama feita,
e a mulher e os filhos à espera,
— sem mistério nem repetição."

Terça-feira, 31 de março

XII
[O caminho de casa]

"As palavras fazem
sentido (o tempo que levei até descobrir isto!),
um sentido justo,
feito de mais palavras.
(A impossibilidade de falar
e de ficar calado
não pode parar de falar,
escrevi eu ou outro).

Volto a casa,
ao princípio,
provavelmente um pouco mais velho.
As mesmas árvores,
mais velhas,
a lembrança delas
passando sem tempo nos meus olhos,
como uma ideia feita ou como um sentimento.

Entre o que regressa
e o que partiu um dia
ficaram palavras;
talvez (quem sabe?)
algum sentido.
Agora, como um intruso, subo as
escadas e abro a porta; e entro, vivo,
para fora de alguma coisa morta.

Senta-te aqui, fala comigo,
faz sentido
e totalidade à minha volta!"

Domingo, 5 de abril
M.T.

Chico

Talvez não fosses forte
para a felicidade,
nem para o medo.

Olha as pessoas felizes:
ocultam-se na felicidade
como em casa, erguem

muros, fecham as janelas,
o medo
é a sua fortaleza.

O que disputam à morte
é maior que elas,
a morte não lhes basta.

ΔpΔq≈h

No momento da felicidade
o teu lugar,
se tens um lugar,
não te pertence já, e vice-versa.
E o teu caminho e os teus passos
e a nuvem de poeira
são só uma pequena nuvem de poeira,
forma, só forma.

No teu coração
impérios irresolúveis se guerreiam;
e como foge o campo de batalha
sangrando, sob os golpes das espadas
e o tropel dos exércitos,
ferida a luz primaveril
e destruídas as sementeiras,
assim o teu coração foge
para fora e para longe
e para dentro e para longe.

A felicidade oculta-se
desvendando o teu coração.
Se alguma vez foste feliz não o soubeste,
e se o soubeste não soubeste quanto.
Agora é tarde.
Custou tanto aprender estas coisas,
tanta infelicidade!

De

Nenhuma palavra e nenhuma lembrança

(1999)

Ludwig W. em 1951

"As palavras (o tempo e os livros que
foram precisos para aqui chegar,
ao sítio do primeiro poema!)
são apenas seres deste mundo,
insubstanciais seres, incapazes também eles de compreender,
falando desamparadamente diante do mundo.
As palavras não chegam,
a palavra *azul* não chega,
a palavra *dor* não chega.
Como falaremos com tantas palavras? Com que palavras e
[sem que palavras?
E, no entanto, é à sua volta
que se articula, balbuciante,
o enigma do mundo.
Não temos mais nada, e com tão pouco
havemos de amar e de ser amados,
e de nos conformar à vida e à morte,
e ao desespero, e à alegria,
havemos de comer e de vestir,
e de saber e de não saber,
e até o silêncio, se é possível o silêncio,
havemos de, penosamente, com as nossas palavras construí-lo.

Teremos então, enfim, uma casa onde morar
e uma cama onde dormir
e um sono onde coincidiremos

com a nossa vida,
um sono coerente e silencioso,
uma palavra só, sem voz, inarticulável,
anterior e exterior,
como um limite tendendo para destino nenhum
e para palavra nenhuma."

Tanta terra

Tanta terra,
tantas palavras sob tantas palavras.
Regressa como um corpo o coração
à apenas existência,

lembrança de
alguma coisa lida:
o rosto da mãe, a trepadeira do jardim.
Mãe, afastei-me de mais, perdi-me

no meio de palavras minhas e palavras alheias,
quem, se eu gritar, me ouvirá entre as legiões dos anjos?
E nem isto me pertence,

a tua ausência e o meu medo;
nem estou na minha ausência,
fui como um vaso e quebrei-me ou qualquer coisa assim.

La fenêtre éclairée

A realidade é uma hipótese repugnante,
fora de mim, entrando por mim a dentro,
solidão errante
órfã de centro.

Que respostas vos darei,
coisas, se tudo é de mais,
se em vós procurei
o que em mim procurais?

Um espelho, um olhar
onde me ver;
um silêncio onde escutar
as minhas palavras; algo como uma vida para viver.

Se estais também sós,
assustadas e hostis,
como eu em vós?

O nome do cão

O cão tinha um nome
por que o chamávamos
e por que respondia,

mas qual seria
o seu nome
só o cão obscuramente sabia.

Olhava-nos com uns olhos que havia
nos seus olhos
mas não se via o que ele via,

nem se nos via e nos reconhecia
de algum modo essencial
que nos escapava

ou se via o que de nós passava
e não o que permanecia,
o mistério que nos esclarecia.

Onde nós não alcançávamos
dentro de nós
o cão ia.

E aí adormecia
dum sono sem remorsos
e sem melancolia.

Então sonhava
o sonho sólido em que existia.
E não compreendia.

Um dia chamámos pelo cão e ele não estava
onde sempre estivera:
na sua exclusiva vida.

Alguém o chamara por outro nome,
um absoluto nome,
de muito longe.

E o cão partira
ao encontro desse nome
como chegara: só.

E a mãe enterrou-o
sob a buganvília
dizendo: "É a vida..."

17/2/90

Café do Molhe

Perguntavas-me
(ou talvez não tenhas sido
tu, mas só a ti
naquele tempo eu ouvia)

por que a poesia,
e não outra coisa qualquer:
a filosofia, o futebol, alguma mulher?
Eu não sabia

que a resposta estava
numa certa estrofe de
um certo poema de
Frei Luis de Léon que Poe

(acho que era Poe)
conhecia de cor,
em castelhano e tudo.
Porém se o soubesse

de pouco me teria
então servido, ou de nada.
Porque estavas inclinada
de um modo tão perfeito

sobre a mesa
e o meu coração batia
tão infundadamente no teu peito
sob a tua blusa acesa

que tudo o que soubesse não o saberia.
Hoje sei: escrevo
contra aquilo de que me lembro,
essa tarde parada, por exemplo.

Neste preciso tempo, neste preciso lugar

No princípio era o Verbo
(e os açúcares
e os aminoácidos).
Depois foi o que se sabe.
Agora estou debruçado
da varanda de um 3º andar
e todo o Passado
vem exactamente desaguar
neste preciso tempo, neste preciso lugar,
no meu preciso modo e no meu preciso estado!

Todavia em vez de metafísica
ou de biologia
dá-me para a mais inespecífica
forma de melancolia:
poesia nem por isso lírica
nem por isso provavelmente poesia.
Pois que faria eu com tanto Passado
senão passar-lhe ao lado,
deitando-lhe o enviesado
olhar da ironia?

Por onde vens, Passado,
pelo vivido ou pelo sonhado?
Que parte de ti me pertence,
a que se lembra ou a que esquece?

Lá em baixo, na rua, passa para sempre
gente indefinidamente presente,
entrando na minha vida
por uma porta de saída
que dá já para a memória.
Também eu (isto) não tenho história
senão a de uma ausência
entre indiferença e indiferença.

Saudade da prosa

Poesia, saudade da prosa;
escrevia "tu", escrevia "rosa",
mas nada me pertencia,

nem o mundo lá fora
nem a memória,
o que ignorava ou o que sabia.

E se regressava
pelo mesmo caminho
não encontrava

senão palavras
e lugares vazios:
símbolos, metáforas,

o rio não era o rio
nem corria e a própria morte
era um problema de estilo.

Onde é que eu já lera
o que sentia, até a
minha alheia melancolia?

Uma prosa sobre os meus gatos

Perguntaram-me um dia destes
ao telefone
por que não escrevia
poesia (ao menos um poema)
sobre os meus gatos;
mas quem se interessaria
pelos meus gatos,
cuja única evidência
é serem meus (digamos assim)
e serem gatos
(coisa vasta, mas que acontece
a todos os da sua espécie)?
Este poderia
(talvez) ser um tema
(talvez até um tema nobre),
mas um tema não chega para um poema
nem sequer para um poema sobre;
porque é o poema o tema,
forma apenas.
Depois, os meus gatos
escapam de mais à poesia,
ou de menos, o que vai dar ao mesmo,
são muito longe
ou muito perto,
e o poema precisa do tempo certo
de onde possa, como o gato, dar o salto;

o poema que fizesse
faria deles gatos abstractos,
literários, gatos-palavras,
desprezível comércio de que não me orgulharia
(embora a eles tanto lhes desse).
Por fim, não existem “os meus gatos”,
existem uns tantos gatos-gatos,
um gato, outro gato, outro gato,
que por um expediente singular
(que, aliás, também absolutamente lhes desinteressa)
me é dado nomear e adjectivar,
isto é, ocultar,
tendo assim uns gatos em minha casa
e outros na minha cabeça.
Ora só os da cabeça alcançaria
(se alcançasse) o duvidoso processo da poesia.
Fiquei-me por isso por uma prosa,
e mesmo assim excessivamente corrida e judiciosa.

31/3/99

A vida real

Imperecível, de cristal, é a vida real
António Franco Alexandre

Se existisses, serias tu,
talvez um pouco menos exacta,
mas a mesma existência, o mesmo nome, a mesma morada.

Atrás de ti haveria
as mesmas duas palmeiras, e eu estaria
sentado a teu lado como numa fotografia.

Entretanto dobrar-se-ia o mundo
(o teu mundo: o teu destino, a tua idade)
entre ser e possibilidade,

e eu permaneceria acordado
e em prosa, habitando-te como uma casa
ou uma memória.

A um jovem poeta

Procura a rosa.
Onde ela estiver
estás tu fora
de ti. Procura-a em prosa, pode ser

que em prosa ela floresça
ainda, sob tanta
metáfora; pode ser, e que quando
nela te vires te reconheças

como diante de uma infância
inicial não embaciada
de nenhuma palavra
e nenhuma lembrança.

Talvez possas então
escrever sem porquê,
evidência de novo da Razão
e passagem para o que não se vê.

De

Atropelamento e fuga

(2001)

Todas as palavras

As que procurei em vão,
principalmente as que estiveram muito perto,
como uma respiração,
e não reconheci,
ou desistiram e
partiram para sempre,
deixando no poema uma espécie de mágoa
como uma marca de água impresente;
as que (lembras-te?) não fui capaz de dizer-te
nem foram capazes de dizer-me;
as que calei por serem muito cedo,
e as que calei por serem muito tarde,
e agora, sem tempo, me ardem;
as que troquei por outras (como poderei
esquecê-las desprendendo-se longamente de mim?);
as que perdi, verbos e
substantivos de que
por um momento foi feito o mundo
e se foram levando o mundo.
E também aquelas que ficaram,
por cansaço, por inércia, por acaso,
e com quem agora, como velhos amantes sem
desejo, desfio memórias,
as minhas últimas palavras.

Quinquagésimo ano

São muitos dias
(e alguns nem tantos como isso...)
e começa a fazer-se tarde de um modo
menos literário do que soía,
(um modo literal e inerte
que, no entanto, não posso dizer-te
senão literariamente).
Mas não há pressa, nem se vê ninguém a correr;
a única coisa que corre é o tempo,
do lado de fora, porque dentro
a própria morte é uma maneira de dizer.
Caem co'a calma as palavras
que sustentaram o mundo,
e nem por isso o mundo parece
menos terreno ou impermanece.
Restam, é certo, alguns livros,
algumas memórias, algum sentido,
mas tudo se passou noutro sítio
com outras pessoas e o que foi dito
chega aqui apenas como um vago ruído
de vozes alheias, cheias de som e de fúria:
literatura, tornou-se tudo literatura!
E a vida? (Falo de uma vida
muda de palavras e de dias, uma vida nada mais que vida;
haverá uma vida assim para viver,
uma vida sem a si mesma se saber?)

Lembras-te dos nossos sonhos? Então
precisávamos (lembras-te?) de uma grande razão.
Agora uma pequena razão chegaria,
um ponto fixo, uma esperança, uma medida.

18/5/00

Teoria das cordas

Não era isso que eu queria dizer,
queria dizer que na alma
(tu é que falaste da alma),
no fundo da alma e no fundo
da ideia de alma, há talvez
alguma vibrante música física
que só a Matemática ouve,
a mesma música simétrica que dançam
o quarto, o silêncio
a memória, a minha voz acordada,
a tua mão que deixou tombar o livro
sobre a cama, o teu sonho, a coisa sonhada;
e que o sentido que tudo isto possa ter
é ser assim e não diferentemente,
um vazio no vazio, vagamente ciente
de si, não haver resposta
nem segredo.

Atropelamento e fuga

Era preciso mais do que silêncio,
era preciso pelo menos uma grande gritaria,
uma crise de nervos, um incêndio,
portas a bater, correrias.
Mas ficaste calada,
apetecia-te chorar mas primeiro tinhas que arranjar o cabelo,
perguntaste-me as horas, eram 3 da tarde,
já não me lembro de que dia, talvez de um dia
em que era eu quem morria,
um dia que começara mal, tinha deixado
as chaves na fechadura do lado de dentro da porta,
e agora ali estavas tu, morta (morta como se
estivesses morta!), olhando-me em silêncio estendida no asfalto,
e ninguém perguntava nada e ninguém falava alto!

18/5/00

De

Os livros

(2003)

O livro

E quando chegares à dura
pedra de mármore não digas: "Água, água!",
porque se encontraste o que procuravas
perdeste-o e não começou ainda a tua procura;
e se tiveres sede, insensato, bebe as tuas palavras
pois é tudo o que tens: literatura,
nem sequer mistério, nem sequer sentido,
apenas uma coisa hipócrita e escura, o livro.

Não tenhas contra ele o coração endurecido,
aquilo que podes saber está noutro sítio.
O que o livro diz é não dito,
como uma paisagem entrando pela janela de um quarto vazio.

A ferida

Real, real porque me abandonaste?
E, no entanto, às vezes bem preciso
de entregar nas tuas mãos o meu espírito
e que, por um momento, baste

que seja feita a tua vontade
para tudo de novo ter sentido,
não digo a vida, mas ao menos o vivido,
nomes e coisas, livre arbítrio, causalidade.

Oh, juntar os pedaços de todos os livros
e desimaginar o mundo, descriá-lo,
amarrado ao mastro mais altivo
do passado! Mas onde encontrar um passado?

Arte poética

Vai pois, poema, procura
a voz literal
que desocultamente fala
sob tanta literatura.

Se a escutares, porém, tapa os ouvidos,
porque pela primeira vez estás sozinho.
Regressa então, se puderes, pelo caminho
das interpretações e dos sentidos.

Mas não olhes para trás, não olhes para trás,
ou jamais te perderás;
e teu canto, insensato, será feito
só de melancolia e de despeito.

E de discórdia. E todavia
sob tanto passado insepulto
o que encontraste senão tumulto,
senão de novo ressentimento e ironia?

The house of life

Como Rossetti resgatando a dádiva de amor
verso a verso ao corrupto corpo
de Elizabeth Eleanor, o escritor
é um ladrão de túmulos. E é um morto

dormindo um sono alheio, o do livro,
que a si mesmo se sonha digerindo
sua carne e seu sangue e dirigindo
a sua mão e o seu livre arbítrio.

Quem construiu a sua casa? Quem semeou
a sua vida, quem a colherá?
Nem a sua morte lhe pertence, roubou-a
a outro e outro lha roubará.

Toma, come, leitor: este é o seu corpo,
a inabitada casa do livro,
também tu estás, como ele, morto,
e também não fazes sentido.

Emet

Here we are for the last time face to face
thou and I, Book,
descansa agora em paz, e tu, leitor,
não peças mais ao seu cansado coração

do que ele pode dar-te, o que te rouba:
pequenos detalhes entre o espírito e a carne.
Porque a literatura é uma arte
escura de ladrões que roubam a ladrões.

Ouves a luz da sua boca, vozes
mortas eternamente repetidas
desprendendo-se de passadas vidas,
como a tua paradas, como a tua perdidas?

Ah sim, claro, o real. Pelos olhos dentro
e pelo coração dentro, tão perto e tão lento
que basta estar atento que decerto
algum sentido há-de fazer ou algum sentimento.

Eu sei, também tenho ido a bares e outros lugares
igualmente reais. E tenho tido
uma vida ou mais. Mas é tempo de falares
tu, livro. Eu tenho dito.

Principalmente por escrito mas
ninguém nem os conselheiros nas
assembleias nem os heróis sob o céu
sabe quem recebeu tal carga, se tu se eu.

Por isso, eu, Yehuda Loew ben Bazaiel,
gravei na tua fronte os caracteres
da morte e da verdade. Protege-os bem;
e protege-te deles, se puderes.

Porque é de noite e estamos ambos sós,
leitura e escritura,
criador e criatura,
na mesma inumerável voz.

De

Como se desenha uma casa

(2011)

Como se desenha uma casa

Primeiro abre-se a porta
por dentro sobre a tela imatura onde previamente
se escreveram palavras antigas: o cão, o jardim impresente,
a mãe para sempre morta.

Anoiteceu, apagamos a luz e, depois,
como uma foto que se guarda na carteira,
iluminam-se no quintal as flores da macieira
e, no papel de parede, agitam-se as recordações.

Protege-te delas, das recordações,
dos seus ócios, das suas conspirações;
usa cores morosas, tons mais-que-perfeitos:
o rosa para as lágrimas, o azul para os sonhos desfeitos.

Uma casa é as ruínas de uma casa,
uma coisa ameaçadora à espera de uma palavra;
desenha-a como quem embala um remorso,
com algum grau de abstracção e sem um plano rigoroso.

O regresso

Como quem, vindo de países distantes fora de
si, chega finalmente aonde sempre esteve
e encontra tudo no seu lugar,
o passado no passado, o presente no presente,
assim chega o viajante à tardia idade
em que se confundem ele e o caminho.

Entra então pela primeira vez na sua casa
e deita-se pela primeira vez na sua cama.
Para trás ficaram portos, ilhas, lembranças,
cidades, estações do ano.
E come agora por fim um pão primeiro
sem o sabor de palavras estrangeiras na boca.

O retrato

O menino que caiu da moldura do retrato
como quem tomba da varanda à rua
onde está?, em que lembrança sua
ou em que sepultura do passado,

sufocado, com a boca atafulhada ainda de sonhos?
O seu nome é agora menos um nome que uma doença rara
que te desfigurou a cara, uma doença sem nome e sem cura;
cabereis os dois na mesma sepultura?

De todos os meus sonhos o mais insone é este,
o de alguém perguntando por um estranho
algures, onde o Lexotan se tornou literatura.
Caberemos todos na mesma sepultura?

O quarto

Quem te pôs a mão no ombro,
a faca que te atravessou o coração,
são feridas alheias, talvez algo que leste;
entretanto partiste

para lugares menos iluminados
e corações menos vulneráveis,
pode perguntar-se é o que fazes ainda aqui
se já cá não estás.

A hora havia de chegar em que
nos perderíamos um do outro.
E acabaríamos necessariamente assim,
mortos inventariando mortos.

Morrer, porém, não é fácil,
ficam sombras nem sequer as nossas,
e a nossa voz fala-nos
numa língua estrangeira.

Apaga a luz e vira-te para o outro lado
e acorda amanhã como novo,
barba impecavelmente feita,
o dia um sonho sólido onde a noite se limpa e se deita.

As coisas

Há em todas as coisas uma mais-que-coisa
fitando-nos como se dissesse: “Sou eu”,
algo que já lá não está ou se perdeu
antes da coisa, e essa perda é que é a coisa.

Em certas tardes altas, absolutas,
quando o mundo por fim nos recebe
como se também nós fôssemos mundo,
a nossa própria ausência é uma coisa.

Então acorda a casa e os livros imaginam-nos
do tamanho da sua solidão.
Também nós tivemos um nome
mas, se alguma vez o ouvimos, não o reconhecemos.

Carta a Mário Cesariny no dia da sua morte

Hoje soube-se uma coisa extraordinária,
que morreste; talvez já to tenham dito,
embora o caso verdadeiramente não
te diga respeito, e seja assunto nosso, vivo.

Algo, de facto, deve ter acontecido,
porque nada acontece, a não ser o costume,
amor e estrume, quanto ao resto
tudo prossegue de acordo com o Plano.

Há apenas agora um buraco aqui,
não sei onde, uma espécie de
falta de alguma coisa insolente e amável,
de qualquer modo, aliás, altamente improvável.

Depois, de gato para baixo, mortos
(lembrei-me disto de repente
agora que voltaste malevolamente a ti)
estamos todos. A gente vê-se um dia destes por Aí.

26/11/2006

"Auraiceopt na n-éces"
ou os preceitos dos poetas

Sobre pintura de Júlia Landolt

Sobre esta pedra construí a minha igreja:
argila e água, lã e sangue, madeira e cal,
pez, linho, betume, nome, pronome, verbo, advérbio,
particípio, conjunção, preposição, interjeição.

Feliz o que tem o vermelho e o azul
como outros têm um coração
porque esse fala a língua de Deus e não erguerá uma torre
nem verá dispersas pela Terra as suas gerações.

Na sua vida pousam
como aves ao fim do dia as formas do mundo
e nos seus sentidos derrama-se a literalidade das coisas
não sem tempo e tão sem pensamento

que dir-se-ia que olhar algum
perturba a sua solidão.
Eu tenho apenas palavras, a palavra vermelho, a palavra azul.
E quem for aos céus no meu lugar nem o meu nome conhecerá.

Passagem

À Inês

Com que palavras ou que lábios
é possível estar assim tão perto do fogo,
e tão perto de cada dia, das horas tumultuosas e das serenas,
tão sem peso por cima do pensamento?

Pode bem acontecer que exista tudo e isto também,
e não só uma voz de ninguém.
Onde, porém? Em que lugares reais,
tão perto que as palavras são de mais?

Agora que os deuses partiram,
e estamos, se possível, ainda mais sós,
sem forma e vazios, inocentes de nós,
como diremos ainda margens e como diremos rios?

Pina por Pina: trechos de entrevistas

"Não nasci no Porto, mas costumo dizer que me nasci a mim mesmo no Porto. Sinto-me bem no Porto, tenho uma boa relação com a cidade. Vivo no Porto há 43 anos... Há um poema de João Cabral de Melo Neto em que ele diz que 'o sevilhano usa Sevilha como uma camisola interior'. A expressão 'camisola interior' é muito adequada, uma camisola interior usa-se junto ao corpo e simultaneamente por dentro do corpo, na alma. E isso para mim quer dizer que há cidades que nos ficam bem. O Porto é uma casa que eu construí. Mas as cidades também nos constroem, tal como nós as construímos. Do que mais gosto nas viagens é do regresso. Abre-se a porta da casa e os móveis estão à nossa espera. Regressar ao Porto é regressar à casa; quando começo a ver os telhados e a saber que o avião se aproxima definitivamente da cidade, sinto-me sempre muito feliz. Há cidades que nos ficam justas, e há cidades que nos ficam grandes, e outras que nos ficam muito apertadas, como se fossem uma roupa que não nos pertencesse. O Porto está-me justo, está à minha medida..."

De entrevista realizada por Sarah Adomopoulos
para a revista *Periférica*, nº 13, 2005.

"O jornalista aprendeu com o escritor, fundamentalmente, o respeito pelas palavras. As palavras não são malas de transportar sentido, são seres vivos volúveis, a umas pessoas dizem umas coisas e a outras coisas diferentes (e a algumas não dizem coisa absolutamente nenhuma). E se não formos capazes de manter com as palavras uma relação simultaneamente de familiaridade e de respeito, de autoridade e de amor, elas acabarão por nos arrastar pelo nariz e por nos pôr a dizer o que muito bem entenderem, ou então, infelizes amedrontadas, calar-se-ão para sempre."

De entrevista realizada por Maria Augusta Silva
para o livro *Poetas visitados* (Caixotim, Porto, 2004).

"Não se escreve poesia com sentimentos ou emoções, mas com a memória. Nela, vivido e sonhado confundem-se. O medo de uma ferida — ou o desejo, porque não são substancialmente diferentes — não deixa de ser uma ferida. A verdade da escrita nem sempre coincide com a dos sentimentos e essa produz, na melhor das hipóteses, poesia sincera. A sinceridade dir-se-ia perigosa em poesia. Como Oscar Wilde observou, a má poesia é quase sempre sincera."

De entrevista realizada por Ana Marques Gastão
para o jornal *Diário de Notícias*, 8/2/2000.

"A Borges, um dia, numa entrevista, perguntaram-lhe: quem é afinal Borges? Ele primeiro começou por responder na terceira pessoa, a falar de si próprio como um futebolista. Disse assim: 'Borges não existe'. Depois, passou a falar na primeira pessoa e acrescentou: 'Eu sou todos os livros que li, todas as pessoas que conheci, todos os lugares que visitei'. Justamente nesse sentido em que nós somos memória, a nossa memória — pelo menos uma parte substancial da minha — é leitura. São os livros que li. Algumas das minhas maiores emoções, das experiências mais ricas, foram através da leitura."

De entrevista realizada por Carlos Vaz Marques
para a revista *Ler*, nº 68, 2006.

"As emoções mais fortes e mais complexas que experimentei foram colhidas em livros e em filmes, ou ouvindo música, e a sua memória é, em mim, permanentemente atravessada pela memória de outros livros e outros filmes, ao mesmo tempo que se confunde com a memória da minha existência por assim dizer 'real'. Mas mesmo esta última é, tenho consciência disso, frequentemente contaminada por memórias literárias: cada uma a seu modo, todas as despedidas são Heitor despedindo-se da mulher e do filho, todos os regressos o de Ulisses. Talvez até, quem sabe?, todas as obras literárias fundamentalmente sejam, como pretende Raymond Queneau, ou uma *Ilíada* ou uma *Odisseia*."

De entrevista realizada por Luís Miguel Queirós
para o jornal *Público*, 17/6/2011.

"A literatura — já uma vez o escrevi — é uma arte de ladrões que roubam ladrões. Se a constatação se aplica facilmente à colagem enquanto processo literário, aplica-se também, no entanto, à generalidade de outros processos e à própria literatura enquanto tal. Diz Eliot que os poetas fracos copiam e os poetas fortes roubam. Independentemente de ser uma questão de força ou de fraqueza. Não se trata aqui, com efeito, de copiar, mas de, consciente ou inconscientemente, roubar. E quase em estrito sentido técnico-jurídico: de se apropriar de algo de outrem disso fazendo coisa *sua*. Coisa *sua*... Quando se rouba conscientemente, e publicamente, o próprio roubo se constituindo como processo literário, estamos no domínio da colagem, da alusão, da paráfrase. Mas o roubo, em literatura, decorre, acho eu, da sua própria natureza de identidade-alteridade. Se tudo está eternamente escrito, isto é, eternamente em Quito (aí estão elas, alusão e citação), então a literatura é provavelmente um ramo da Tautologia. A verdade é que os cânones nos conformam, nos *são*. Mesmo sem os lermos, andam por aí no ar e na cultura que respiramos, como um fluido em que estamos permanentemente mergulhados; a sua presença em nós opera-se naturalmente, quanto mais não seja por osmose. Posso nunca ter lido Shakespeare ou Goethe, mas leram-nos aqueles que eu li, ou aqueles que foram lidos por aqueles que li. Escreve-se sempre *com e contra* o passado. A minha poesia não escapa a essa regra, nem, certamente, à da 'ansiedade da influência'. Acontece, porém, que, ao longo dos anos, fui construindo uma relação muito paciente com a minha poesia, dela não esperando hoje o que ela me não pode dar, uma identidade. E para que raio precisaria eu de uma identidade? Ou de um destino? Quando calha (e muitas vezes calha) vislumbrar a influência à espreita num verso ou num poema, faço normalmente por abrir-lhe a porta e acolhê-la com fraternal complacência. Sei que não adianta fechar-lhe a porta, ela entrará pela janela. Mas não lhe abro os braços apenas por isso, por não pode deixar de recebê-la. A maior parte das vezes ela é, real e sinceramente, bem-vinda. Só aqui e ali é que alguma eventual impertinência precisa, de facto, de rasura. Dizia o outro que escravo que sabe que é escravo é já meio liberto. Em literatura, a única liberdade que nos é dado alcançar é a de conhecer (mais do que a de escolher) as próprias servidões."

De entrevista realizada por
Américo Lindeza Diogo e Osvaldo Manuel Silvestre
para o site *Ciberkiosk*, julho de 2000.

"As grandes vozes são talvez as da infância. Às vezes perguntam-me: 'Qual foi o livro que o marcou mais?' E essa pergunta, para responder com seriedade sempre me lembro de dois ou três livros. Da *Ilíada*, da Bíblia, do *Waste Land* de Eliot, os inevitáveis... Mas, se calhar, os livros que mais me marcaram são aqueles que nem sequer me ocorre citar. Justamente porque já fazem de tal maneira parte de mim que não tenho com eles uma relação de distância que me permita distingui-los de mim. E esses livros foram talvez livros lidos da infância. Falo disso para pôr em causa esses conceitos, embora sejam conceitos operativos com reserva mental. Porque não representam a realidade. Na vida não há conceitos. O que existe são seres. O conceito do gato, por exemplo. Não existem gatos. Existe este gato concreto e aquele, e por aí fora. Na realidade existem apenas indivíduos, conceitos não. O conceito assenta no esquecimento. Mas, na realidade, não há esquecimento, há só memória. Borges diz algures que o esquecimento é uma espécie de cave da memória. Nós dizemos 'árvores' para dizer 'plátano', 'metrosídero', 'oliveira', 'palmeira', 'araucária'... tudo no mesmo conceito. Veja o que é preciso esquecer! Há uma personagem de Borges, um desgraçado chamado Funes, que não consegue esquecer, e por isso não consegue raciocinar. O primeiro livro de que me lembro porque me marcou muito foi *A vida sexual*, de Egas Moniz. Foi uma leitura emocionante, tinha eu uns 7 ou 8 anos, é impossível não me ter marcado, porque foi muito vivido. Aquilo apanhou um território completamente vago, completamente deserto, e foi uma descoberta primeira, inicial, e por isso muito forte. Outro livro emocionante foi *A viagem maravilhosa de Nils Holgersson através da Suécia*, de Selma Lagerlöf. Outra descoberta foi o *Hamlet*, que li com 8 ou 9 anos."

De entrevista realizada por Sarah Adomopoulos
para a revista *Periférica*, nº 13, 2005.

"Ted Hughes diz que à terceira estrofe a morte já se tornou numa questão de estilo. Os meus pais não me deixavam ter a luz acesa à noite, e eu descobri um truque para não ter medo. Escrevia num papel os pesadelos que tinha. A primeira vez, devo tê-lo feito para contar o sonho à minha mãe, no dia seguinte. Depois descobri que, ao escrever, começava a ter necessidade de encontrar palavras. E a morte, o medo, tornavam-se uma questão de estilo. A linguagem afastava-me do medo. Ao escrever, tudo se transforma em literatura."

De entrevista realizada por Luís Miguel Queirós
para o jornal *Público*, 17/6/2011.

Cheio de passos e de vozes falando baixo

Leonardo Gandolfi

Infância embaciada

Entre 1973 e 2011, Manuel António Pina publicou um pouco mais de dez livros de poesia, outros tantos infantis, crônicas e algumas peças de teatro. Entre os muitos gêneros que praticou, o autor escreveu um ensaio sobre *Aniki-Bobó* (1942), primeiro filme de ficção de Manoel de Oliveira. Destaco um comentário sobre o filme, porque nele, acredito, reside algo de importante para a leitura da poesia de Pina. *Aniki-Bobó* é um filme que, embora seja falado, ainda tem muito da lógica do cinema mudo, sua narrativa depende mais da sequência de imagens do que das falas: "Os diálogos do episódio resumem-se a duas ou três frases, mas até estas — como o próprio fundo musical que comenta a acção — seriam, em estritos termos narrativos, dispensáveis" (2012, p. 42).

Ao ler os poemas de Pina, o leitor encontra versos assim: "Falo de uma vida/ muda de palavras e de dias, uma vida nada mais que vida;/ haverá uma vida assim para viver,/ uma vida sem a si mesma se saber?". Em parte, a inclinação para o silêncio e mudez aponta para um tipo de inocência que — parece — as palavras não são mais capazes de ter. A inocência em fuga acaba por deixar uma forte marca na obra do autor. Inês Fonseca Santos localiza "a infância, o regresso e o caminho de casa" como pontos centrais em sua poesia (2004, p. 21).

Nesse sentido, o poeta escolhe *Aniki-Bobó* por conta da mudez e do olhar infantil que conduz uma história que não é infantil. Em outras palavras, o filme de Oliveira é um filme feito com crianças e a partir da ótica delas, mas sem se tratar exatamente de um filme infantil.

Para continuar, peço licença para contar um breve encontro que tive com Pina, no Porto, início de 2007. Fui encontrá-lo para conversar sobre sua poesia, desejava um autógrafo e, sabendo de sua fama de bom proseador, queria jogar conversa fora. Ele falou dos gatos e de alguns livros de que gostava, de Bob Dylan e, principalmente, falou de cinema. Enumerou não sei quantos filmes que eu deveria ver, comentou um por um, e disse que ninguém poderia morrer sem ver um em específico. Depois de algum suspense, me revelou o título e sobre ele — ao contrário dos outros que tinha mencionado — não comentou nada. Disse apenas que eu deveria assistir o quanto antes a *The Night of the Hunter*, filme dirigido em 1955 por Charles Laughton.

Voltei ao Brasil e descobri que o título aqui era *O Mensageiro do Diabo*. Um filme de suspense e de uma violência psicológica enorme, mas ainda assim um incrível filme protagonizado por crianças com um quê infantil. Anos depois, ao ler o ensaio sobre *Aniki-Bobó*, entendi porque *The Night of the Hunter* era o filme da vida de Pina: também se trata de uma história nada infantil e que é contada a partir do ponto de vista das crianças.

Acredito que essa visão infantil num mundo não infantil seja uma boa porta de entrada para pensar sua poesia.

O "REAL"

Pina começa a publicar na década de setenta, época de virada política com o 25 de abril e o fim da ditadura salazarista, momento em que surgem nomes representativos na poesia portuguesa como António Franco Alexandre, Nuno Júdice, Joaquim Manuel Magalhães, Helder Moura Pereira e João Miguel Fernandes Jorge.

Embora sejam poetas com características bem distintas entre si, é possível falar de alguns traços geracionais. Os autores citados são responsáveis por um redimensionamento das experiências subjetivas na poesia portuguesa. Tais experiências se afastam de uma busca por interioridades psicológicas, ao mesmo tempo que guardam alguma distância das várias formas de rasura da primeira pessoa textual. De um modo geral, nesses poetas, as experiências subjetivas se manifestam por meio de vozes que são as de uma personalidade e de uma personagem e de um autor. Não interessa mais tanto uma fixação estanque dessas instâncias, porque, em última análise, todos serão personagens da linguagem e estarão assim sujeitos aos inúmeros extravios e esfacelamentos dela.

Joaquim Manuel Magalhães chegou mesmo a usar, num poema, a expressão "voltar ao real" para nomear um "desencanto/ que deixou de cantar" (1981, p. 13). Sobre tal desencanto, Fernando Pinto do Amaral escreve: o "que sucedeu foi sobretudo uma perda de *pathos*, um enfraquecimento geral do papel da arte e da poesia, uma relativização de planos ontológicos, acabando tudo isso por permitir que a experiência estética se fosse dessacralizando, embora sem perder um certo brilho de superfície" (1988, p. 162).

Rosa Maria Martelo afirma se tratar de "um real totalmente diferente daquele que poderíamos fazer coincidir com um mundo habitual, capaz de produzir um contrato de leitura do tipo realista". Para ela, o "real" em desencanto estaria mais próximo "daquele que Lacan fez corresponder à leitura invertida da palavra alemã *leer* (vazio), o qual, definido pela sua inacessibilidade, nunca facultaria uma contratualização de teor realista — coisa que, no entanto, de modo algum exclui um intenso desejo real" (2010, pp. 167-8).

Entre tais poetas, Pina talvez seja aquele que menos se enquadre no tópico "voltar ao real". Mas, em comum com o espírito dos anos setenta, seus versos dão a ver um colapso de valores, herança imediata dos anseios de maio de 68 e também reflexo de um "tempo dominado pela exaustão das formas literárias" em que se agudiza "a sensação de ser tardio", conforme nota Inês Fonseca Santos Dias (2004, p. 20).

As características enumeradas — perda de *pathos*, enfraquecimento do estatuto da poesia, experiência estética dessacralizada e o real como vazio — são caras aos versos de Pina. A mesma Inês Fonseca Santos percebe na poesia do autor "um sentimento de fim proveniente do mal-estar geral inerente a tempos de crise" (p. 26).

Ainda sobre o pertencimento e não pertencimento dessa obra ao cenário em que despontou, Rita Basílio usa a ótima imagem de uma obra que chega como um "forasteiro" à cidade, isto é, como "alguém que se estranha, que é estranho e é estranhado" (2013, p. 27).

"Real, real, porque me abandonaste?", clamava aos céus Pina no início dos anos 2000. Ao que, páginas depois, ele mesmo completa ainda com ironia em relação não só aos seus velhos contemporâneos, mas também aos novos: "Eu sei, também tenho ido a bares e outros lugares igualmente reais. E tenho tido/ uma vida ou mais".

Eu é um pronome

Por conta do protagonismo da primeira pessoa na obra de Pina, Eduardo Lourenço, em um texto chamado "A ascese do Eu", chega a afirmar: "Manuel António Pina é, entre outras coisas, um romântico" (2012, p. 103). O protagonismo, porém, do pronome, personagem do autor, não significa que precisemos ler qualquer coisa nesses versos a partir de chave biográfica. Tal protagonismo aponta, sim, para um constante jogo com pronomes e pessoas do discurso que revelam tanto um esvaziamento da voz quanto sua presença fantasmática.

Aliás, a vontade de levar às últimas consequências uma "inumerável voz" é responsável também por certo acento melancólico dos versos: na busca de uma voz impessoal só resta ao texto a voz menor, parcial, entre a falível memória pessoal e a voraz memória da tradição. Esse drama pode ver visto num poema como "Transforma-se a coisa estrita no escritor", desdobramento de "Transforma-se o amador na coisa amada", de Camões.

Com isso, há uma obstinada e repetida voz, em Pina, que se vê para além da autoria, porque há a vontade de escrever o mundo de forma perene. Porém, uma voz pessoal em fuga resulta em um mundo em pedaços, do mesmo jeito que um mundo em pedaços — isto é, perecível — só pode ser habitado por uma voz pessoal e muitas vezes irônica, voz cuja única questão perene não é tão difícil de descobrirmos: "a própria morte é uma maneira de dizer".

Os primeiros poemas de Pina datam de fins dos anos sessenta e, portanto, estão próximos de um texto como "A morte do autor" de Barthes, 1968. Nele, o escritor francês afirma: "a linguagem conhece um 'sujeito', não uma 'pessoa', e esse sujeito, vazio fora da enunciação que o define, basta para 'sustentar' a linguagem, isto é, exauri-la" (2004, p. 60). A afirmação de Barthes cristaliza a despersonalização sentida — não sem fatalidade — na obra do autor português.

E a idealização em relação a esse "vazio fora da enunciação" pode ser tão grande em sua poesia que ela às vezes beira algo de hierático, sobretudo quando seus versos se aproximam de certa noção de silêncio, na expectativa de uma linguagem inatingivelmente literal (aliás, talvez seja nesse sentido que Eduardo Lourenço fale sobre o *sui generis* romantismo do poeta). É em momentos assim que nos deparamos com um fatal beco sem saída: "e até o silêncio, se é possível o silêncio,/ havemos de, penosamente, com as nossas palavras construí-lo".

Porém, tal idealização também está sob suspeita na medida em que os poemas têm uma relação tensa com a ironia (parafraseando Pina, é como se ele escrevesse *com* e *contra* a ironia). E isso se relaciona com o fato de seus versos se perceberem, de certa forma, condenados à biografia — é claro que mais pela *-grafia* e menos pela *bio-*. Destaque para os decisivos poemas longos "Farewell happy fields" e "Cuidados intensivos", este último um monólogo dramático sobre uma temporada no CTI (lugar que o poeta, em entrevista, jurava nunca ter visitado por motivo de doença).

Enfim, ao escapar obsessiva e compulsivamente da figura autoral, é como se essa poesia não inscrevesse outra coisa que não a voz de uma figura autoral em fuga: "O meu trabalho/ é destruir, aos poucos, tudo o que me lembra". E é assim que tal figura se torna personagem protagonista dos poemas. Uma personagem do escritor que escreve a ideia fixa de se tornar outro: "estão todos a ver onde o autor quer chegar?".

Fernando Pessoa e eu

"Conjugar a impessoalidade (universal) e a circunstância (singular) é o mistério das letras", afirma Silvina Rodrigues Lopes (2012, p. 61). Pina encena uma despersonalização que, ao fim, se mostra idealizada. Afirmo isso pensando, sobretudo, em Fernando Pessoa e no sentido moderno de impessoalidade que vemos em sua obra. Porém, não quero assegurar que, por contraste, a poesia de Pina seja pessoal e confessional. Ela está muito longe disso.

Entre os poetas portugueses surgidos nos anos setenta, ele é aquele que estabelece uma vizinhança temática e imagética mais próxima com a obra do criador dos heterônimos.

Porém, essa impessoalidade é traçada por Pina de modo dramático, e com ares de impossibilidade. Quanto mais ele mergulha em tal esvaziamento, mais desencantado se torna. Ao escrever obsessivamente a vontade de dissolução, acaba por deslocar uma das questões mais fortes da literatura portuguesa moderna, e realiza isso lendo Fernando Pessoa de modo irônico e melancólico.

Nessa direção, Paola Poma diz que na obra de Pina há um "tipo de ilusionismo" (2008, p. 229) que pode ser contrastado com um tipo de fingimento, sendo o poeta, mais que fingidor, ilusionista. Danilo Bueno (2013, p. 125), seguindo esses passos, vê o Fernando Pessoa de Pina como um Pessoa pós-Wittgenstein (o poema "Ludwig W. em 1951" é um monólogo dramático protagonizado pelo filósofo). Fingimento e silenciamento, por esse ângulo, caminhariam lado a lado: "Com que palavras e sem que palavras?".

Não se trata, portanto, de emular ou glosar o autor dos heterônimos, mas sim de modificá-lo. Pedro Serra e Osvaldo Manuel Silvestre chegam mesmo a jogar com a cronologia assegurando que Pina "consegue fazer de Pessoa um discípulo seu" (2002, p. 630).

Entre tantas apropriações, o poema "As coisas" lê o famoso poema "Isto" em que Pessoa escreve: "Tudo o que sonho ou passo,/ O que me falha ou finda,/ É como que um terraço/ Sobre outra coisa ainda./ Essa coisa que é linda" (1986, p. 99). Por seu turno, Pina reage: "Há em todas as coisas uma mais-que-coisa/ fitando-nos como se dissesse 'Sou eu',/ algo que já lá não está ou se perdeu/ antes da coisa, e essa perda é que é a coisa". Pessoa apresenta-nos o esvaziado pronome "isto" e o transforma em "coisa". Já Pina se apodera dessa "coisa" e a transforma em "uma mais-que--coisa", esvaziando-a ainda mais com um conteúdo que — tínhamos certeza — era robusto: "Sou eu". Em outras palavras, aprendemos com Pina que "a nossa própria ausência é uma coisa".

Aliás, vale dizer, é curioso o uso que o poeta faz do pronome "isto" em alguns textos, evitando contrações comuns da língua: "disto" em Pina se escreve "de isto". Assim, é como se, a cada vez que usasse tal dêitico, ele estivesse impregnado do referido poema de Pessoa. Tudo se torna ainda mais interessante ao sabermos que o "Tat Tam Asi" — trecho de um dos *Upanishads* das escrituras sagradas hindus — significa "isto és tu". Só mesmo Manuel António Pina para fazer de algo tão corriqueiro quanto "isto" uma mistura de hinduísmo com Fernando Pessoa.

E, como se não bastasse, em seus dois primeiros livros o poeta criou personagens-autores — respectivamente, Clóvis da Silva e Slim da Silva — que, menos do que heterônimos, atuam como protagonistas de heterobiografias, conforme anota o próprio poeta. Eles estão presentes nesta antologia. Aliás, os textos do último dão a ver duas mortes, a de Hegel e a de Mao Tsé-Tung, ou seja, o fim de dois fortes modelos de unidade e totalidade, mortes que ajudam a inscrever a poesia de Pina num tempo posterior ao fim, temporalidade tardia ou, como assinalou Américo Lindeza Diogo, uma obra nos "escombros do futuro" (2002, p. 369).

Literal *versus* literário

"Vai pois, poema, procura/ a voz literal/ que desocultamente fala/ sob tanta literatura." Para o poeta, dar vez às vozes é metamorfosear a memória pessoal em função da tradição. Em outras palavras, é transformar vida em literatura. De certa forma, o literal — que o autor encontra tanto naquilo que chama idealmente de prosa quanto na infância — rivaliza com o literário, discurso metafórico em que palavras e coisas nunca se equivaleriam. Alberto Caeiro, heterônimo de Pessoa e "Criança Eterna" (1986, p. 145), seria o utópico poeta literal que Pina não pode ser. Para ele, o literal acaba por nunca ser apenas literal, porque existe sob a condição de ser literatura: "um modo literal e inerte/ que, no entanto, não posso dizer-te/ senão literariamente".

Segundo Eliot (um dos autores prediletos de Pina), a impessoalidade é condição para a poesia e para a tradição. Mas, diferente de Eliot, a tradição ou a "literatura", para o autor português, é também o lugar onde o literal se extravia, ou seja, linguagem doente de metáforas. É por isso que Eduardo Lourenço diz haver nesta obra "um paradoxal combate no seio da literatura e contra a literatura" (2012, p. 103).

Assim, a linha moderna que vai da despersonalização ("É sempre Outro quem escreve") à tradição ("um vago ruído/ de vozes alheias, cheias de som e de fúria: literatura"), em Pina se ressente. Ele chegou tarde à festa, conforme deixa ver já o fabuloso título de seu livro de estreia. Ser moderno de forma extemporânea é estar impregnado de historicidade. Em sua poesia, o peso da demora e do acúmulo, curiosamente, resulta numa perda: "tornou-se tudo literatura!/ E a vida?".

Uma casa onde morar

A dicotomia estabelecida entre literal e literário cria uma tensão. O literal funciona como infância perdida da linguagem, prosa, idade de ouro. Sobre o literário, eu gostaria de abordá-lo por meio da pergunta feita por Silvina Rodrigues Lopes: "Como determinar a minha parte de palavras se todas as palavras são potencialmente minhas e se nenhuma se deixa apropriar inteiramente?" (2012, p. 64). Quase como resposta, Arnaldo Saraiva afirma o seguinte: "A prática da intertextualidade parece aliar-se em Manuel A. Pina não só a uma teoria da saturação livresca e literária mas também a uma teoria do mundo ou da vida como livro, literatura, representação ou leitura" (2012, p. 110).

Por isso, persegue-se a "voz literal" ("A dor dói o boi muge"), voz não saturada que busca falar, apesar de "tanta literatura", isto é, apesar de tanta memória. Mas parece haver uma contradição: o sujeito se aproxima do esvaziamento e tal gesto depende, entre outras coisas, das vozes dispersas e carregadas de "literatura"; o que acaba por criar distâncias em relação ao que os poemas chamam idealmente de "vida". Nesse sentido, Inês Fonseca Santos nos alerta que a obra de Pina se revela "como um incansável e inesgotável percurso literário em direção ao seu próprio inalcançável sucesso" (2004, p. 24).

Em relação a esse "inalcançável sucesso", mesmo a infância não é mais acessível, porque ela só acontece como memória da infância. Rosa Maria Martelo diz que reside aí a "dimensão dramática, e sobretudo dialógica, muito forte" da poesia de Pina; reside aí, não na distância entre infância e a memória dela nem entre literal e literário, mas sim no "desejo de preencher a distância" entre esses extremos (2012).

Uma das formas de criar diálogo e "preencher a distância", acredito, é a metamorfose da imagem *literatura* na imagem *livro*: "literatura,/ nem sequer mistério, nem sequer sentido,/ apenas uma coisa hipócrita e escura, o livro", diz o poeta convocando a personagem do leitor em Baudelaire. Se procurarmos as ocorrências da palavra "livro" nesses poemas, encontraremos, entre outras, "Toma, come, leitor: este é o seu corpo,/ a inabitada casa do livro" ou, ainda, "o escritor/ é um ladrão de túmulos. E é um morto/ dormindo um sono alheio, o do livro".

"Literatura" assim se torna materialidade através do "livro". É ele que o leitor, o escritor e o escritor-leitor manuseiam. No parágrafo anterior, por exemplo, os poemas de Pina leram Baudelaire e também o Evangelho segundo Mateus.

Se fizermos uma busca rápida por referências mais ou menos identificadas nos versos desta antologia, encontraremos muitos livros abertos: Mallarmé ("a carne é triste, hélas!, e eu já li tudo") em "Nenhuma coisa"; Sá de Miranda ("O sol é grande, caem co'a calma as aves" transforma-se em "Caem co'a calma as palavras") em "Quinquagésimo ano"; Eliot (o início de "The Love Song of J. Alfred Prufrock": "Vamos então os dois outra vez") em "Farewell happy fields"; já em "Tanta terra" encontramos Rilke. Sem falar de páginas com Akhmátova, Borges, Pound, Bob Dylan, Lao-Tsé, etc.

A dimensão dramática, responsável pelo diálogo e cheia de "desejo de preencher a distância" através da leitura do livro, é uma das maiores forças desses poemas. Como é fácil perceber, seus versos — embora possam propor alguns jogos metafísicos — não acreditam mais em grandes razões: "uma pequena razão chegaria,/ um ponto fixo, uma esperança, uma medida". Acredito que essa "pequena razão" tenha muito a ver com a abertura para o diálogo e para o encontro que é — feitas as contas — o que de mais humano nós podemos ter como "medida".

Ao falar por vozes, Pina as convoca de forma material (além das colagens, há os monólogos dramáticos). E essas vozes importam mais como presença do que como ausência silenciosa, fazendo do livro uma grande sala de convívio ou, quem sabe, "uma casa onde morar". Só um coração maior que o mundo para estar assim "cheio de passos/ e de vozes falando baixo".

Bibliografia

Amaral, Fernando Pinto do. "O regresso ao sentido: anos 70/80". *Um século de poesia*, edição especial da revista *A Phala*. Lisboa: Assírio & Alvim, 1988.

Barthes, Roland. "A morte do autor". *O rumor da língua*. Trad. Mario Laranjeiras. São Paulo: Martins Fontes, 2004.

Basílio, Rita Gomes da Silva. *Uma nova pedagogia do literário em 'Todas as palavras' de Manuel António Pina*. Lisboa: Tese de Doutoramento em Estudos Portugueses apresentada à Faculdade de Ciências Sociais e Humanas da Universidade Nova de Lisboa, 2013.

Bueno, Danilo. "A literatura morreu: identidade, paradoxos e melancolia na poesia de Manuel António Pina". *Revista Desassossego*, nº 10. São Paulo: Programa de Pós-Graduação em Literatura Portuguesa da USP, 2013.

Diogo, Américo António Lindeza. "Tat Tam Asi." In: Silvestre, Osvaldo Manuel; Serra, Pedro. *Século de ouro: antologia crítica da poesia portuguesa do século XX*. Braga/Coimbra/Lisboa: Angelus Novus/Cotovia, 2002.

Lopes, Silvina Rodrigues. "Marcas do desespero". *Literatura, defesa do atrito*. 2ª ed. Belo Horizonte/Lisboa: Chão da Feira, 2012.

Lourenço, Eduardo. "A ascese do Eu". *Iberografias: Revista de Estudos Ibéricos*, nº 8, ano VIII, Centro de Estudos Ibéricos, novembro de 2012. <pt.scribd.com/doc/120193877/Iberografias-8#scribd>.

Magalhães, Joaquim Manuel. *Os dias, pequenos charcos*. Lisboa: Editorial Presença, 1981.

Martelo, Rosa Maria. *A forma informe: leituras de poesia*. Lisboa: Assírio & Alvim, 2010.

_________. "Pode bem acontecer que exista tudo e isto". *Público*, Caderno Ípsilon, Lisboa, 16/11/2012. <www.publico.pt/temas/jornal/pode-bem-acontecer-que-exista-tudo-e-isto-tambem-25566408>.

Pessoa, Fernando. *Obra poética*. Rio de Janeiro: Nova Aguilar, 1986.

Silvestre, Osvaldo Manuel; Serra, Pedro. *Século de ouro: antologia crítica da poesia portuguesa do século XX*. Braga/Coimbra/Lisboa: Angelus Novus/Cotovia, 2002.

Pina, Manuel António. *Aniki-Bobó*. Lisboa: Assírio & Alvim, 2012.

Poma, Paola. "Deslocamentos na poesia de Manuel António Pina". *Inimigo Rumor*, nº 20. Rio de Janeiro/São Paulo: 7Letras/Cosac Naify, 2008.

Santos, Inês Fonseca. *A poesia de Manuel António Pina: o encontro do escritor com o seu silêncio*. Lisboa: Dissertação de Mestrado em Literatura Portuguesa apresentada à Faculdade de Letras da Universidade de Lisboa, 2004.

Saraiva, Arnaldo. "Uma sombra que nos ilumina". *Iberografias: Revista de Estudos Ibéricos*, nº 8, ano VIII, Centro de Estudos Ibéricos, novembro de 2012. <pt.scribd.com/doc/120193877/Iberografias-8#scribd>.

Sobre o autor

Manuel António Pina nasceu no dia 18 de novembro de 1943, em Sabugal, cidade pertencente à região da Beira Alta, Portugal. Formou-se em Direito pela Universidade de Coimbra, foi advogado, jornalista, poeta e escritor.

Publicou os seguintes livros de poesia: *Ainda não é o fim nem o princípio do mundo calma é apenas um pouco tarde* (1974); *Aquele que quer morrer* (1978); *A lâmpada do quarto? A criança?* (1981); *O pássaro da cabeça* (1983); *Nenhum sítio* (1984); *O caminho de casa* (1989); *Um sítio onde pousar a cabeça* (1991); *Algo parecido com isso, da mesma substância: poesia reunida* (1992); *Farewell happy fields* (1993); *Cuidados intensivos* (1994); *Nenhuma palavra e nenhuma lembrança* (1999); *Atropelamento e fuga* (2001); *Poesia reunida* (2001); *Os livros* (2003); *Poesia, saudade da prosa: uma antologia pessoal* (2011); *Como se desenha uma casa* (2011) e *Todas as palavras: poesia reunida* (2012).

Publicou a novela *Os papéis de K* (2003) e também três volumes de crônicas, *O anacronista* (1994), *Porto, modo de dizer* (2002) e *Por outras palavras & mais crónicas de jornal* (2010). Além disso, escreveu teatro e livros infantis, entre eles, *O país das pessoas de pernas para o ar* (1973), *Gigões & Anantes* (1974) e *O inventão* (1987).

A coletânea *Dito em voz alta* (2007) traz várias entrevistas com Pina realizadas ao longo de anos, constituindo um testemunho vívido da figura do autor e ótimo comentário de sua obra. Também escreveu um ensaio sobre o filme de Manoel de Oliveira, *Aniki-Bobó* (2012), e, postumamente, foi publicada a antologia *Crónica, saudade da literatura* (2013).

Em 2011, recebeu o Prêmio Camões. Na ocasião, o júri destacou "a originalidade e diversidade do conjunto da obra premiada, na qual a poesia, a crônica, a ficção e o texto dramático se articulam num processo coerente".

Faleceu em 2012, na cidade do Porto.

Sobre o organizador

Leonardo Gandolfi nasceu no Rio de Janeiro em 1981 e atualmente vive em São Paulo, onde é professor de literatura portuguesa na Universidade Federal de São Paulo (Unifesp). Como poeta, é autor dos livros: *No entanto d'água* (2006), *A morte de Tony Bennett* (2010) e *Escala Richter* (2015).

Este livro foi composto em Sabon,
pela Bracher & Malta, com CTP da
New Print e impressão da Graphium
em papel Pólen Soft 80 g/m² da Cia.
Suzano de Papel e Celulose para a
Editora 34, em julho de 2020.